Mastering Mindful Parenting: Cultivating Joyful and Resilient Kids

सावधान पालन-पोषण में महारत हासिल करना: खुश और लचीले बच्चों का पालन-पोषण

Rajiv chavhan

1

Copyright © [2023]

Title: Mastering Mindful Parenting: Cultivating Joyful and Resilient Kids
Author's: Rajiv chavhan

This book was printed and published by [Publisher's: **Rajiv chavhan**] in [2023]

ISBN:

Table of content

Chapter 1: Introduction to Mindful Parenting

Chapter 1: सावधान पालन-पोषण का परिचय

सचेत पालन-पोषण क्या है?

सचेत पालन-पोषण एक ऐसी पालन-पोषण शैली है जो माता-पिता को अपने बच्चे के साथ वर्तमान क्षण में पूरी तरह से उपस्थित होने और जुड़ने के लिए प्रोत्साहित करती है। इसका अर्थ है कि अपने बच्चे के विचारों, भावनाओं और व्यवहारों को बिना किसी निर्णय या लगाव के देखना और स्वीकार करना। यह भी सीखना है कि अपनी स्वयं की भावनाओं और प्रतिक्रियाओं को कैसे प्रबंधित करें।

सचेत पालन-पोषण के कई लाभ हैं, दोनों माता-पिता और बच्चों के लिए। माता-पिता के लिए, यह तनाव और चिंता को कम करने, अपने बच्चों के साथ अधिक जुड़ाव महसूस करने और उनकी पालन-पोषण क्षमताओं में अधिक विश्वास विकसित करने में मदद कर सकता है। बच्चों के लिए, सचेत पालन-पोषण उन्हें अपने स्वयं के विचारों और भावनाओं को बेहतर ढंग से समझने और प्रबंधित करने में मदद कर सकता है, उनकी आत्म-सम्मान बढ़ा सकता है और उन्हें अधिक लचीला और अनुकूल बनने में मदद कर सकता है।

सचेत पालन-पोषण के कुछ प्रमुख सिद्धांत

- वर्तमान क्षण में उपस्थित रहें। सचेत पालन-पोषण का अर्थ है अपने बच्चे के साथ वर्तमान क्षण में पूरी तरह से उपस्थित होना। इसका मतलब है कि अपने फोन को दूर रखना, अपने काम के बारे में न सोचना और अपने बच्चे पर ध्यान केंद्रित करना।

- बिना निर्णय के सुनें। जब आपका बच्चा आपसे बात कर रहा हो, तो बिना किसी निर्णय या लगाव के उनकी बात सुनने की कोशिश करें। उनके विचारों और भावनाओं को स्वीकार करें, भले ही आप उनसे सहमत न हों।

- अपनी भावनाओं और प्रतिक्रियाओं को प्रबंधित करें। सभी माता-पिता समय-समय पर नकारात्मक भावनाओं का अनुभव करते हैं, जैसे कि क्रोध या निराशा। हालांकि, यह महत्वपूर्ण है कि आप इन भावनाओं को अपने बच्चे पर न निकालें। इसके बजाय, उन्हें स्वीकार करें और उन्हें स्वस्थ तरीके से प्रबंधित करने के लिए रणनीतियों का उपयोग करें।

- सकारात्मक अनुशासन का प्रयोग करें। सकारात्मक अनुशासन का अर्थ है अपने बच्चे को सही और गलत का अंतर सिखाना, उन्हें जिम्मेदार बनने में मदद करना और उन्हें उनके व्यवहार के परिणामों को समझने में मदद करना। हालांकि, यह सजा या धमकियों के साथ नहीं किया जाता है। इसके बजाय, यह सकारात्मक व्यवहार को प्रोत्साहित करने और नकारात्मक व्यवहार को संबोधित करने के लिए सम्मान और सहयोग पर आधारित दृष्टिकोण का उपयोग करता है।

सचेत पालन-पोषण का अभ्यास कैसे करें

सचेत पालन-पोषण को आपकी दैनिक जीवन में विभिन्न तरीकों से शामिल किया जा सकता है। यहां कुछ सुझाव दिए गए हैं:

- अपने बच्चे के साथ समय बिताते समय, अपने फोन और अन्य distractions को दूर रखने की कोशिश करें। बस अपने बच्चे के साथ उपस्थित रहें और उनके साथ जुड़ें।

- जब आपका बच्चा आपसे बात कर रहा हो, तो उनका ध्यान दें और बिना किसी निर्णय या लगाव के उनकी बात सुनें।

- यदि आप अपने बच्चे के व्यवहार से निराश या क्रोधित महसूस कर रहे हैं, तो एक गहरी साँस लें और शांत होने के लिए कुछ समय लें। एक बार जब आप शांत हो जाएं, तो अपने बच्चे से इस बारे में बात करें कि क्या हुआ और आप एक साथ समाधान खोजने के लिए काम कर सकते हैं।

- अपने बच्चे की सकारात्मक व्यवहार को प्रशंसा और प्रोत्साहन के साथ पुरस्कृत करें।

- जब आपका बच्चा गलती करता है, तो उसे सजा के बजाय एक शिक्षण अवसर के रूप में उपयोग करने का प्रयास करें। अपने बच्चे को समझाएं कि उन्होंने गलत क्यों किया और उन्हें अगली बार बेहतर करने में मदद करें।

सचेत पालन-पोषण एक यात्रा है,

सचेत पालन-पोषण के लाभ: माता-पिता और बच्चों दोनों के लिए

सचेत पालन-पोषण एक पालन-पोषण शैली है जो माता-पिता को अपने बच्चे के साथ वर्तमान क्षण में पूरी तरह से उपस्थित होने और जुड़ने के लिए प्रोत्साहित करती है। इसका अर्थ है कि अपने बच्चे के विचारों, भावनाओं और व्यवहारों को बिना किसी निर्णय या लगाव के देखना और स्वीकार करना। यह भी सीखना है कि अपनी स्वयं की भावनाओं और प्रतिक्रियाओं को कैसे प्रबंधित करें।

सचेत पालन-पोषण के कई लाभ हैं, दोनों माता-पिता और बच्चों के लिए।

माता-पिता के लिए लाभ

- तनाव और चिंता में कमी: सचेत पालन-पोषण माता-पिता को अपने बच्चों के साथ अधिक सकारात्मक और कम तनावपूर्ण संबंध बनाने में मदद कर सकता है। यह माता-पिता को अपने बच्चों की जरूरतों को बेहतर ढंग से समझने और उनका जवाब देने में मदद कर सकता है, जो बदले में माता-पिता के तनाव और चिंता को कम करने में मदद कर सकता है।

- बच्चों के साथ अधिक जुड़ाव: सचेत पालन-पोषण माता-पिता को अपने बच्चों के साथ अधिक गहराई से जुड़ने में मदद कर सकता है। जब माता-पिता अपने बच्चों के साथ वर्तमान क्षण में पूरी तरह से उपस्थित होते हैं और उनकी बात सुनते हैं, तो यह बच्चों को यह महसूस करने में मदद कर सकता है कि वे प्यार करते हैं और स्वीकार किए जाते हैं। यह माता-पिता और बच्चों के बीच एक मजबूत और अधिक सकारात्मक संबंध बनाने में मदद कर सकता है।

- पालन-पोषण क्षमताओं में विश्वास: सचेत पालन-पोषण माता-पिता को अपनी पालन-पोषण क्षमताओं में अधिक विश्वास विकसित करने में मदद कर सकता है। जब माता-पिता अपने बच्चों के साथ सचेत तरीके से बातचीत करते हैं, तो वे अपने बच्चों की जरूरतों को बेहतर ढंग से

समझने और उनका जवाब देने में सक्षम होते हैं। यह सफलता की भावना पैदा कर सकता है, जिससे माता-पिता अपनी पालन-पोषण क्षमताओं में अधिक विश्वास विकसित कर सकते हैं।

बच्चों के लिए लाभ

- बेहतर भावना विनियमन: सचेत पालन-पोषण बच्चों को अपनी भावनाओं को बेहतर ढंग से समझने और प्रबंधित करने में मदद कर सकता है। जब माता-पिता अपने बच्चों की भावनाओं को स्वीकार करते हैं और उन्हें अपनी भावनाओं का सामना करने में मदद करते हैं, तो यह बच्चों को अपनी भावनाओं को स्वीकार करना और उन्हें स्वस्थ तरीके से व्यक्त करना सीखने में मदद करता है।

- बढ़ा हुआ आत्म-सम्मान: सचेत पालन-पोषण बच्चों को आत्म-सम्मान बढ़ाने में मदद कर सकता है। जब माता-पिता अपने बच्चों को प्यार करते हैं और स्वीकार करते हैं, तो यह बच्चों को अपने बारे में अच्छा महसूस करने में मदद करता है। इससे बच्चों का आत्मविश्वास और आत्म-सम्मान बढ़ सकता है।

- अधिक लचीलापन और अनुकूलनशीलता: सचेत पालन-पोषण बच्चों को अधिक लचीला और अनुकूल बनने में मदद कर सकता है। जब माता-पिता अपने बच्चों को जीवन की चुनौतियों का सामना करने में मदद करते हैं और उनसे सीखने में मदद करते हैं, तो यह बच्चों को अधिक लचीला और अनुकूल बनने में मदद करता है। इससे बच्चों को जीवन की चुनौतियों से निपटने और उनसे उबरने में मदद मिल सकती है।

सचेत पालन-पोषण का अभ्यास कैसे करें

सचेत पालन-पोषण को आपकी दैनिक जीवन में विभिन्न तरीकों से शामिल किया जा सकता है। यहां कुछ सुझाव दिए गए हैं:

- अपने बच्चे के साथ समय बिताते समय, अपने फोन और अन्य distractions को दूर रखने की कोशिश करें। बस अपने बच्चे

अपने बच्चे के साथ समय बिताते समय, अपने फोन और अन्य distractions को दूर रखने की कोशिश करें। बस अपने बच्चे

सचेत पालन-पोषण के साथ शुरुआत कैसे करें

सचेत पालन-पोषण एक ऐसी पालन-पोषण शैली है जो माता-पिता को अपने बच्चे के साथ वर्तमान क्षण में पूरी तरह से उपस्थित होने और जुड़ने के लिए प्रोत्साहित करती है। इसका अर्थ है कि अपने बच्चे के विचारों, भावनाओं और व्यवहारों को बिना किसी निर्णय या लगाव के देखना और स्वीकार करना। यह भी सीखना है कि अपनी स्वयं की भावनाओं और प्रतिक्रियाओं को कैसे प्रबंधित करें।

यदि आप सचेत पालन-पोषण के साथ शुरुआत करना चाहते हैं, तो यहां कुछ सुझाव दिए गए हैं:

1. अपने बारे में अधिक जागरूक बनें। सचेत पालन-पोषण की पहली कुंजी अपने बारे में अधिक जागरूक होना है। इसका मतलब है कि अपनी भावनाओं, विचारों और व्यवहारों पर ध्यान देना। जब आप अपने बच्चे के साथ होते हैं, तो ध्यान दें कि आप कैसा महसूस कर रहे हैं, क्या सोच रहे हैं और कैसे व्यवहार कर रहे हैं। यह आपको अपने व्यवहार पर अधिक नियंत्रण रखने और अपने बच्चे के साथ अधिक सचेत तरीके से बातचीत करने में मदद कर सकता है।

2. अपने बच्चे के साथ वर्तमान क्षण में रहें। सचेत पालन-पोषण का अर्थ है अपने बच्चे के साथ वर्तमान क्षण में पूरी तरह से उपस्थित रहना। इसका मतलब है कि अपने फोन को दूर रखना, अपने काम के बारे में न सोचना और अपने बच्चे पर ध्यान केंद्रित करना। जब आप अपने बच्चे के साथ होते हैं, तो उनके साथ बातचीत करें, उनके साथ खेलें और उन्हें दिखाएं कि आप उन्हें सुन रहे हैं और उनकी परवाह करते हैं।

3. बिना निर्णय के सुनें। जब आपका बच्चा आपसे बात कर रहा हो, तो बिना किसी निर्णय या लगाव के उनकी बात सुनने की कोशिश करें। उनके विचारों और भावनाओं को स्वीकार करें, भले ही आप उनसे सहमत न हों। जब आप बिना निर्णय के सुनते हैं, तो यह आपके बच्चे को यह

महसूस करने में मदद करता है कि आप उन्हें प्यार करते हैं और उनका समर्थन करते हैं, भले ही वे क्या सोचते हैं या महसूस करते हैं।

4. अपनी भावनाओं और प्रतिक्रियाओं को प्रबंधित करें। सभी माता-पिता समय-समय पर नकारात्मक भावनाओं का अनुभव करते हैं, जैसे कि क्रोध या निराशा। हालांकि, यह महत्वपूर्ण है कि आप इन भावनाओं को अपने बच्चे पर न निकालें। इसके बजाय, उन्हें स्वीकार करें और उन्हें स्वस्थ तरीके से प्रबंधित करने के लिए रणनीतियों का उपयोग करें। उदाहरण के लिए, यदि आप क्रोधित महसूस कर रहे हैं, तो आप कुछ गहरी साँस ले सकते हैं या टहलने जा सकते हैं।

5. सकारात्मक अनुशासन का प्रयोग करें। सकारात्मक अनुशासन का अर्थ है अपने बच्चे को सही और गलत का अंतर सिखाना, उन्हें जिम्मेदार बनने में मदद करना और उन्हें उनके व्यवहार के परिणामों को समझने में मदद करना। हालांकि, यह सजा या धमकियों के साथ नहीं किया जाता है। इसके बजाय, यह सकारात्मक व्यवहार को प्रोत्साहित करने और नकारात्मक व्यवहार को संबोधित करने के लिए सम्मान और सहयोग पर आधारित दृष्टिकोण का उपयोग करता है।

सचेत पालन-पोषण में महारत हासिल करना समय और प्रयास लेता है, लेकिन यह आपके और आपके बच्चे के जीवन में एक बड़ा अंतर ला सकता है। जब आप सचेत पालन-पोषण का अभ्यास करते हैं, तो आप अपने बच्चे के साथ अधिक जुड़े हुए महसूस करेंगे, आपके बच्चे का आत्म-सम्मान बढ़ेगा और आपका बच्चा अधिक लचीला और अनुकूल बन जाएगा।

यहां कुछ अतिरिक्त सुझाव दिए गए हैं जो आपको सचेत पालन-पोषण के साथ शुरुआत करने में मदद कर सकते हैं:

• अपने बच्चे के साथ प्रतिदिन कुछ समय अकेले बिताएं। इस समय के दौरान, अपने फोन और अन्य distractions को दूर रखें

Chapter 2: Understanding Your Child's Brain

Chapter 2: अपने बच्चे के मस्तिष्क को समझना

बचपन में मस्तिष्क का विकास

बचपन में मस्तिष्क का विकास सबसे तेजी से होने वाला होता है। गर्भधारण से लेकर 8 वर्ष की आयु तक, बच्चे का मस्तिष्क अपने वयस्क आकार के 80% तक पहुंच जाता है। इस अवधि के दौरान, बच्चे के मस्तिष्क में नए कनेक्शन तेजी से बन रहे होते हैं। ये कनेक्शन बच्चे की सीखने, याद रखने और सोचने की क्षमता के लिए आवश्यक होते हैं।

बच्चे के मस्तिष्क के विकास में अनुभव की महत्वपूर्ण भूमिका होती है। बच्चे अपने वातावरण के साथ बातचीत करके और नए अनुभव प्राप्त करके सीखते हैं। जितना अधिक बच्चे को अनुभव मिलेगा, उतना ही तेजी से उनका मस्तिष्क विकसित होगा।

बचपन में मस्तिष्क के विकास के चरण

बचपन में मस्तिष्क के विकास को कई चरणों में विभाजित किया जा सकता है:

- गर्भधारण से लेकर 2 वर्ष की आयु तक: इस अवधि के दौरान, बच्चे का मस्तिष्क तेजी से विकसित होता है। बच्चे के मस्तिष्क में इस अवधि के दौरान लगभग 100 ट्रिलियन न्यूरॉन्स बनते हैं। ये न्यूरॉन्स एक दूसरे से कनेक्शन बनाते हैं, जिन्हें न्यूरॉन्स कहा जाता है।

- 3 से 8 वर्ष की आयु तक: इस अवधि के दौरान, बच्चे के मस्तिष्क में नए कनेक्शन बनने की दर धीमी हो जाती है। हालांकि, मौजूदा कनेक्शन

मजबूत होते जाते हैं। बच्चे इस अवधि के दौरान भाषा, गणित और सामाजिक कौशलों का विकास करना शुरू करते हैं।

- 8 से 12 वर्ष की आयु तक: इस अवधि के दौरान, बच्चे के मस्तिष्क में कुछ कनेक्शन हटा दिए जाते हैं। यह प्रक्रिया, जिसे प्रूनिंग कहा जाता है, मस्तिष्क को अधिक कुशलता से काम करने में मदद करती है। बच्चे इस अवधि के दौरान अधिक जटिल सोच कौशल विकसित करना शुरू करते हैं।

- 13 से 18 वर्ष की आयु तक: इस अवधि के दौरान, बच्चे का मस्तिष्क वयस्क आकार तक पहुंच जाता है। हालांकि, मस्तिष्क का विकास जीवन भर जारी रहता है। बच्चे इस अवधि के दौरान अपने मस्तिष्क का उपयोग करके नई चीजें सीखना और नया अनुभव प्राप्त करना जारी रखते हैं।

बचपन में मस्तिष्क के विकास को प्रभावित करने वाले कारक

कई कारक बचपन में मस्तिष्क के विकास को प्रभावित कर सकते हैं, जिनमें शामिल हैं:

- आनुवंशिकी: जीन आपके बच्चे के मस्तिष्क के विकास में महत्वपूर्ण भूमिका निभाते हैं।

- पोषण: आपके बच्चे को गर्भधारण से लेकर किशोरावस्था तक उचित पोषण मिलना महत्वपूर्ण है। पोषण की कमी से मस्तिष्क के विकास पर गंभीर प्रभाव पड़ सकता है।

- पर्यावरण: बच्चे का वातावरण उनके मस्तिष्क के विकास को भी प्रभावित करता है। एक सुरक्षित, सहायक और प्यार भरे वातावरण में बढ़ने वाले बच्चे अधिक संभावना के साथ स्वस्थ मस्तिष्क विकसित करेंगे।

- तनाव: तनाव आपके बच्चे के मस्तिष्क के विकास को नकारात्मक रूप से प्रभावित कर सकता है। यह महत्वपूर्ण है कि आप अपने बच्चे को तनावपूर्ण स्थितियों से जितना संभव हो बचाएं।

बचपन में मस्तिष्क के विकास का समर्थन कैसे करें

आप अपने बच्चे के मस्तिष्क के विकास का समर्थन करने के लिए कई चीजें कर सकते हैं, जिनमें शामिल हैं:

- अपने बच्चे को एक सुरक्षित, सहायक और प्यार भरा वातावरण प्रदान करें। यह आपके बच्चे को स्वस्थ मस्तिष्क विकसित करने के लिए आवश्यक आधार प्रदान करेगा।

- अपने बच्चे को बातचीत और खेल के माध्यम से उत्तेजित करें। बातचीत और खेल बच्चे की दुनिया को समझने और नए कौशल विकस

बचपन के विकासशील मस्तिष्क पर तनाव और आघात का प्रभाव

बचपन में तनाव और आघात का विकासशील मस्तिष्क पर गहरा प्रभाव पड़ सकता है। यह प्रभाव बच्चे के जीवन में बाद में भी जारी रह सकता है।

तनाव क्या है?

तनाव एक सामान्य मानवीय अनुभव है। यह शरीर और मस्तिष्क की एक ऐसी प्रतिक्रिया है जो हमें खतरे या चुनौती का जवाब देने में मदद करती है। जब हम तनाव महसूस करते हैं, तो हमारा शरीर हार्मोन जैसे कोर्टिसोल और एड्रेनालाईन का उत्पादन करता है। ये हार्मोन हमें अधिक सतर्क और अधिक ऊर्जावान बनने में मदद करते हैं ताकि हम खतरे का सामना कर सकें या चुनौती से निपट सकें।

आघात क्या है?

आघात एक अत्यधिक तनावपूर्ण अनुभव है जो बच्चे की क्षमता को संभालने या अर्थ बनाने के लिए बहुत अधिक होता है। आघातकारी अनुभवों में बाल शोषण, बाल उपेक्षा, हिंसा, दुर्घटनाएं और प्राकृतिक आपदाएं शामिल हो सकती हैं।

तनाव और आघात विकासशील मस्तिष्क को कैसे प्रभावित करते हैं?

बचपन में तनाव और आघात विकासशील मस्तिष्क को कई तरीकों से प्रभावित कर सकते हैं:

- यह मस्तिष्क के उन हिस्सों के विकास को बाधित कर सकता है जो सोच, सीखने और भावनाओं को नियंत्रित करते हैं।

- यह मस्तिष्क के उन हिस्सों को अतिसक्रिय कर सकता है जो भय और चिंता को नियंत्रित करते हैं।

- यह मस्तिष्क के उन हिस्सों के बीच कनेक्शन को बाधित कर सकता है जो विभिन्न कार्यों को समन्वयित करते हैं।

तनाव और आघात के दीर्घकालिक प्रभाव

बचपन में तनाव और आघात के दीर्घकालिक प्रभावों में शामिल हैं:

- सीखने और ध्यान देने में कठिनाई

- व्यवहार संबंधी समस्याएं

- चिंता और अवसाद

- पदार्थ उपयोग विकार

- स्वास्थ्य संबंधी समस्याएं जैसे हृदय रोग, मधुमेह और स्ट्रोक

बचपन के तनाव और आघात को कैसे रोकें और कम करें

बचपन के तनाव और आघात को रोकने और कम करने के लिए माता-पिता और अन्य देखभाल करने वालों को निम्नलिखित कर सकते हैं:

- अपने बच्चों को एक सुरक्षित और सहायक वातावरण प्रदान करें।

- अपने बच्चों के साथ बातचीत करें और उनकी भावनाओं को सुनें।

- अपने बच्चों को स्वस्थ भोजन और पर्याप्त नींद प्रदान करें।

- अपने बच्चों को तनावपूर्ण स्थितियों से बचाएं।

- यदि आपका बच्चा तनाव या आघात का अनुभव करता है, तो उसे पेशेवर मदद लें।

अपने बच्चे के लिए एक सहायक और पोषण वातावरण कैसे बनाएं

बच्चे को स्वस्थ और खुश रहने के लिए एक सहायक और पोषण वातावरण की आवश्यकता होती है। माता-पिता और अन्य देखभाल करने वाले अपने बच्चे के जीवन में सबसे महत्वपूर्ण लोग हैं, और वे अपने बच्चे के लिए एक सहायक और पोषण वातावरण बनाने में महत्वपूर्ण भूमिका निभाते हैं।

एक सहायक और पोषण वातावरण क्या है?

एक सहायक और पोषण वातावरण एक ऐसा वातावरण है जिसमें बच्चा सुरक्षित, प्यार और स्वीकृत महसूस करता है। यह एक ऐसा वातावरण है जहां बच्चे को अपनी भावनाओं को व्यक्त करने और अपने स्वयं के होने की अनुमति है। यह एक ऐसा वातावरण है जहां बच्चे को अपनी गलतियों से सीखने और विकसित होने का अवसर दिया जाता है।

कैसे एक सहायक और पोषण वातावरण बनाएं

यहां कुछ तरीके दिए गए हैं जिनसे आप अपने बच्चे के लिए एक सहायक और पोषण वातावरण बना सकते हैं:

- अपने बच्चे के साथ समय बिताएं। अपने बच्चे के साथ समय बिताना और उनके साथ बातचीत करना उन्हें दिखाता है कि आप उनसे प्यार करते हैं और उनकी परवाह करते हैं। अपने बच्चे के साथ खेलें, पढ़ें या बस बात करें।

- अपने बच्चे को सुनें। जब आपका बच्चा आपसे बात कर रहा हो, तो उन्हें बिना किसी निर्णय या रुकावट के सुनें। उनके विचारों और भावनाओं को स्वीकार करें, भले ही आप उनसे सहमत न हों।

- अपने बच्चे को प्यार और स्वीकृति दें। अपने बच्चे को बताएं कि आप उनसे प्यार करते हैं और उन्हें स्वीकार करते हैं, चाहे कुछ भी हो। उन्हें यह महसूस कराएं कि वे आपके लिए महत्वपूर्ण हैं और आप हमेशा उनके लिए रहेंगे।

- अपने बच्चे को सीमाएँ और नियम सिखाएं। सीमाएँ और नियम बच्चों को सुरक्षित महसूस करने और अच्छा व्यवहार करने में मदद करते हैं। अपने बच्चे को सीमाएँ और नियम स्पष्ट रूप से और दृढ़ता से समझाएं।

- अपने बच्चे को अनुशासित करें। अनुशासन बच्चों को सही और गलत का अंतर सिखाता है और उन्हें जिम्मेदार बनने में मदद करता है। अपने बच्चे को अनुशासित करते समय, सकारात्मक अनुशासन का उपयोग करें। सकारात्मक अनुशासन सम्मान और सहयोग पर आधारित होता है।

- अपने बच्चे को स्वतंत्रता और जिम्मेदारी दें। जैसे-जैसे बच्चे बड़े होते हैं, उन्हें स्वतंत्रता और जिम्मेदारी देने की आवश्यकता होती है। यह उन्हें अपने स्वयं के निर्णय लेने और अपने कार्यों के लिए जिम्मेदार होने में मदद करता है।

- अपने बच्चे की उपलब्धियों को मनाएं। अपने बच्चे की उपलब्धियों को मनाना उन्हें दिखाता है कि आप उन पर गर्व करते हैं और उनकी सफलता की परवाह करते हैं। बड़ी या छोटी, किसी भी उपलब्धि को मनाएं।

- अपने बच्चे से गलतियाँ करने दें। गलतियाँ करना जीवन का एक स्वाभाविक हिस्सा है। अपने बच्चे को गलतियाँ करने दें और उनसे सीखने दें।

- अपने बच्चे को एक सकारात्मक रोल मॉडल बनें। बच्चे अपने माता-पिता और देखभाल करने वालों को देखकर बहुत कुछ सीखते हैं। अपने बच्चे के लिए एक सकारात्मक रोल मॉडल बनें और ऐसे व्यवहार प्रदर्शित करें जो आप चाहते हैं कि वे प्रदर्शित करें।

Chapter 3: Building a Mindful Parenting Practice

Chapter 3: सचेत पालन-पोषण अभ्यास का निर्माण

माता-पिता के लिए सचेतता अभ्यास

सचेतता अभ्यास आपको वर्तमान क्षण में पूरी तरह से उपस्थित होने और अपने विचारों, भावनाओं और शारीरिक संवेदनाओं को बिना किसी निर्णय के जागरूक होने में मदद कर सकते हैं। माता-पिता के लिए सचेतता अभ्यास विशेष रूप से लाभदायक हो सकते हैं क्योंकि वे आपको अपने बच्चों के साथ अधिक जुड़ाव महसूस करने, अधिक सकारात्मक अनुशासन का उपयोग करने और तनाव और चिंता को कम करने में मदद कर सकते हैं।

यहाँ माता-पिता के लिए कुछ सचेतता अभ्यास दिए गए हैं:

1. सुबह की सचेतता

अपने दिन की शुरुआत कुछ मिनटों के लिए ध्यान से करें। अपनी आँखें बंद करें और अपनी सांस पर ध्यान केंद्रित करें। अपनी सांस को अंदर और बाहर आते हुए महसूस करें। यदि आपके विचार भटकते हैं, तो उन्हें धीरे से अपनी सांस पर वापस लाएँ।

2. नोटिसिंग

अपने दिन के दौरान, समय-समय पर रुकें और अपने आस-पास की चीजों को ध्यान से देखें, सुनें और महसूस करें। आप क्या देखते हैं, सुनते

हैं और महसूस करते हैं? आपके शरीर में क्या हो रहा है? आपके मन में क्या विचार आ रहे हैं और आपकी भावनाएँ कैसी हैं?

3. लेबलिंग

अपने विचारों, भावनाओं और शारीरिक संवेदनाओं को लेबल लगाने का अभ्यास करें। उदाहरण के लिए, यदि आप अपने बच्चे के व्यवहार से क्रोधित महसूस कर रहे हैं, तो आप अपने आप से कह सकते हैं, "मैं इस समय क्रोधित महसूस कर रहा हूँ।" यह आपको अपने विचारों और भावनाओं से दूरी बनाने और उन्हें अधिक स्पष्ट रूप से देखने में मदद कर सकता है।

4. स्वीकृति

अपने विचारों, भावनाओं और शारीरिक संवेदनाओं को स्वीकार करना सीखें, भले ही वे सुखद हों या नहीं। यह स्वीकृति का मतलब यह नहीं है कि आपको अपने विचारों और भावनाओं को पसंद करना है, इसका मतलब यह है कि आप उन्हें बिना किसी निर्णय के अनुभव करने की अनुमति देते हैं।

5. करुणा

अपने आप के प्रति और अपने बच्चे के प्रति करुणा का अभ्यास करें। यह याद रखें कि हर कोई गलतियाँ करता है और हम सभी अपूर्ण हैं। जब आप स्वयं या अपने बच्चे के प्रति नकारात्मक भावनाएँ महसूस करते हैं, तो करुणा का अभ्यास करें और अपने आप को या अपने बच्चे को कोमलता और समझ के साथ स्वीकार करें।

6. साँस लेने के व्यायाम

साँस लेने के व्यायाम तनाव और चिंता को कम करने और आपको शांत और केंद्रित रहने में मदद कर सकते हैं। जब आप अपने आप को तनावग्रस्त या चिंतित महसूस करते हैं, तो कुछ गहरी साँसें लेने का प्रयास करें। अपनी सांस को धीरे-धीरे और गहराई से अंदर लें और फिर इसे धीरे-धीरे बाहर छोड़ें।

7. बॉडी स्कैन

शरीर स्कैन एक ध्यान अभ्यास है जो आपको अपने शरीर में संवेदनाओं पर ध्यान केंद्रित करने में मदद करता है। एक आरामदायक स्थिति में बैठें या लेट जाएं और अपनी आँखें बंद करें। अपने शरीर के प्रत्येक भाग पर अपना ध्यान केंद्रित करें, एक समय में एक भाग। आप जो भी संवेदनाएँ महसूस करते हैं, उन्हें ध्यान दें, चाहे वे तनावपूर्ण हों या आरामदेह।

8. प्रकृति में ध्यान

प्रकृति में ध्यान करना एक शानदार तरीका है कि आप अपने आप को तनाव और चिंता से मुक्त करें और प्रकृति के सौंदर्य से जुड़ें। एक शांत और आरामदायक जगह खोजें और बैठ जाएं या लेट जाएं। अपनी आँखें बंद करें और अपनी सांस पर ध्यान केंद्रित करें। अपने आस-पास की प्रकृति की आवाज़ों और गंधों पर ध्यान दें। यदि आपका दिमाग भटकता है, तो उसे धीरे से अपनी सांस पर वापस लाएँ।

अपने बच्चे के साथ दैनिक बातचीत में सचेतता को कैसे शामिल करें

सचेतता एक ऐसी प्रथा है जो आपको वर्तमान क्षण में पूरी तरह से उपस्थित होने और अपने विचारों, भावनाओं और शारीरिक संवेदनाओं को बिना किसी निर्णय के जागरूक होने में मदद करती है। सचेतता अभ्यास माता-पिता के लिए और उनके बच्चों के लिए भी बहुत फायदेमंद हो सकते हैं। माता-पिता अपने बच्चों के साथ दैनिक बातचीत में सचेतता को शामिल करके अपने बच्चों के साथ अधिक जुड़ाव महसूस कर सकते हैं, अधिक सकारात्मक अनुशासन का उपयोग कर सकते हैं और तनाव और चिंता को कम कर सकते हैं।

यहाँ आपके बच्चे के साथ दैनिक बातचीत में सचेतता को शामिल करने के कुछ तरीके दिए गए हैं:

- उस क्षण में पूरी तरह से उपस्थित रहें। जब आप अपने बच्चे के साथ बातचीत कर रहे हों, तो अपने फोन और अन्य distractions को दूर रखें। अपने बच्चे की आँखों में देखें और उनकी बात ध्यान से सुनें। अपने बच्चे की भावनाओं और शारीरिक संकेतों पर ध्यान दें।

- बिना निर्णय के सुनें। जब आप अपने बच्चे की बात सुन रहे हों, तो उनके विचारों और भावनाओं को बिना किसी निर्णय के स्वीकार करें। भले ही आप उनसे सहमत न हों, उन्हें यह बताएं कि आप उन्हें समझते हैं और उनकी परवाह करते हैं।

- अपनी भावनाओं और शारीरिक संवेदनाओं को जागरूक करें। अपने बच्चे के साथ बातचीत करते समय, अपनी भावनाओं और शारीरिक संवेदनाओं पर ध्यान दें। यदि आप अपने आप को क्रोधित, चिंतित या निराश महसूस करते हैं, तो इसे स्वीकार करें और अपने आप को शांत करने के लिए कुछ गहरी साँसें लेने का प्रयास करें।

- सकारात्मक अनुशासन का उपयोग करें। सकारात्मक अनुशासन सम्मान और सहयोग पर आधारित होता है। जब आप अपने बच्चे को अनुशासित

करते हैं, तो उन्हें समझाएं कि उनके व्यवहार ने आपको कैसा महसूस कराया और उन्हें अपने व्यवहार को सुधारने में मदद करने के लिए सकारात्मक समाधानों के साथ आने में मदद करें।

- अपने बच्चे को सचेतता अभ्यास सिखाएं। आप अपने बच्चे को सरल सचेतता अभ्यास सिखाकर उन्हें सचेतता के लाभों से परिचित करा सकते हैं। उदाहरण के लिए, आप उन्हें अपनी सांस पर ध्यान केंद्रित करना, अपने शरीर को स्कैन करना या प्रकृति में ध्यान करना सिखा सकते हैं।

यहाँ कुछ विशिष्ट उदाहरण दिए गए हैं कि आप अपने बच्चे के साथ दैनिक बातचीत में सचेतता को कैसे शामिल कर सकते हैं:

- सुबह की बातचीत: सुबह उठने के बाद, अपने बच्चे के बिस्तर पर बैठें और कुछ मिनटों के लिए एक साथ ध्यान करें। अपनी सांस पर ध्यान केंद्रित करें और अपने शरीर में जागरूक हों।

- नाश्ता: नाश्ता करते समय, अपने बच्चे से उनके दिन की योजना के बारे में बात करें। उनके साथ उनकी भावनाओं और चिंताओं के बारे में बात करें।

- स्कूल के लिए रवाना होना: जब आप अपने बच्चे को स्कूल ले जा रहे हों, तो उस रास्ते में आने वाली चीजों पर ध्यान दें। पेड़ों, पक्षियों और आकाश को देखें। अपने बच्चे से उनके दिन के बारे में अपनी अपेक्षाओं के बारे में बात करें।

- स्कूल से घर आना: जब आप अपने बच्चे को स्कूल से घर ला रहे हों, तो उनसे उनके दिन के बारे में बात करें। क्या कुछ ऐसा हुआ जिसने उन्हें खुश किया या दुखी किया? क्या कुछ ऐसा था जो उन्होंने सीखा?

- बिस्तर से पहले की बातचीत: बिस्तर पर जाने से पहले, अपने बच्चे के साथ उनके दिन के बारे में बात करें। उनकी अच्छी बातों के लिए उनकी प्रशंसा करें और उन्हें बताएं कि आप उनसे प्यार करते हैं।

एक सचेत घर का वातावरण बनाना

एक सचेत घर का वातावरण एक ऐसा वातावरण है जहां परिवार के सभी सदस्य वर्तमान क्षण में पूरी तरह से उपस्थित होने और अपने विचारों, भावनाओं और शारीरिक संवेदनाओं को बिना किसी निर्णय के जागरूक होने में सक्षम महसूस करते हैं। इस प्रकार के वातावरण में परिवार के सदस्य एक दूसरे के प्रति अधिक सम्मान, करुणा और समझ का प्रदर्शन करते हैं। इससे तनाव और चिंता कम होती है और पारिवारिक संबंध मजबूत होते हैं।

एक सचेत घर का वातावरण बनाने के लिए कुछ सुझाव दिए गए हैं:

- अपने घर को एक शांतिपूर्ण और आरामदायक स्थान बनाएं। सुनिश्चित करें कि आपके घर में एक ऐसा स्थान है जहां परिवार के सभी सदस्य आराम कर सकें और तनाव मुक्त हो सकें। इस स्थान को आरामदायक बैठने के साथ-साथ प्राकृतिक प्रकाश और हवा के प्रवाह के साथ सुव्यवस्थित रखें।

- अपने घर को अव्यवस्था से मुक्त रखें। अव्यवस्था हमारे दिमाग को अव्यवस्थित कर सकती है और तनाव और चिंता का कारण बन सकती है। अपने घर को अव्यवस्था से मुक्त रखकर, आप एक अधिक शांतिपूर्ण और आरामदायक वातावरण बना सकते हैं।

- अपने घर में सकारात्मकता और प्रेरणा लाएं। अपने घर में सकारात्मक और प्रेरक कलाकृति, किताबें और अन्य वस्तुएं रखें। ये वस्तुएं आपको और आपके परिवार के सदस्यों को सकारात्मक विचारों और भावनाओं पर ध्यान केंद्रित करने में मदद कर सकती हैं।

- अपने घर में प्रकृति को लाएं। प्रकृति में बिताए समय के कई लाभ हैं, जिनमें तनाव और चिंता को कम करना और सकारात्मकता और प्रेरणा को बढ़ाना शामिल है। अपने घर में पौधे और फूल रखकर, आप प्रकृति के लाभों को अपने घर में ला सकते हैं।

- अपने घर को एक तकनीक मुक्त स्थान बनाएं। technology हमारे दिमाग को उत्तेजित कर सकती है और ध्यान केंद्रित करना मुश्किल बना सकती है। एक सचेत घर का वातावरण बनाने के लिए, अपने घर को एक तकनीक मुक्त स्थान बनाएं। भोजन के समय, सोने से पहले और परिवार के समय के दौरान अपने फोन और अन्य तकनीकी उपकरणों को दूर रखें।

- अपने परिवार के सदस्यों के साथ सचेत गतिविधियों में संलग्न हों। सचेत गतिविधियां आपको वर्तमान क्षण में पूरी तरह से उपस्थित होने और अपने विचारों, भावनाओं और शारीरिक संवेदनाओं को बिना किसी निर्णय के जागरूक होने में मदद करती हैं। अपने परिवार के सदस्यों के साथ सचेत गतिविधियों में संलग्न होकर, आप एक दूसरे के साथ अधिक जुड़ाव महसूस कर सकते हैं और एक अधिक सकारात्मक और सहायक घर का वातावरण बना सकते हैं।

यहाँ कुछ विशिष्ट गतिविधियाँ दी गई हैं जिन्हें आप अपने परिवार के सदस्यों के साथ कर सकते हैं:

- साथ में ध्यान करें। ध्यान एक सरल लेकिन प्रभावी सचेत गतिविधि है। अपने परिवार के सदस्यों के साथ कुछ मिनटों के लिए एक साथ ध्यान करने का प्रयास करें। आप एक निर्देशित ध्यान का उपयोग कर सकते हैं या बस अपने दम पर ध्यान कर सकते हैं।

- साथ में योग करें। योग एक और बढ़िया सचेत गतिविधि है। योग आपके शरीर और दिमाग को जोड़ने में मदद करता है और तनाव और चिंता को कम करने में मदद करता है। आप अपने परिवार के सदस्यों के साथ एक योग कक्षा में शामिल हो सकते हैं या घर पर ऑनलाइन योग वीडियो देख सकते हैं।

- साथ में प्रकृति में समय बिताएं। प्रकृति में बिताया समय एक शानदार सचेत गतिविधि है। अपने परिवार के सदस्यों के साथ एक पार्क में टहलने

जाएं, बाइक की सवारी करें या बस प्रकृति की सुंदरता का आनंद लेने के लिए बैठ जाएं।

- साथ में खाना बनाएं और खाएं। जब आप अपने परिवार के सदस्यों के साथ खाना बनाते और खा

Chapter 4: Mindful Parenting Strategies for Common Challenges
Chapter 4: सामान्य चुनौतियों के लिए सचेत पालन-पोषण रणनीतियाँ

बच्चे के गुस्से का दौरा

बच्चे के गुस्से का दौरा (टेंट्रम) 1 से 4 साल की उम्र के बच्चों में आम बात है। यह तब होता है जब बच्चा अपने गुस्से और निराशा को नियंत्रित नहीं कर पाता है। टेंट्रम के दौरान, बच्चा रो सकता है, चिल्ला सकता है, लात मार सकता है, काट सकता है, या अपना सिर फोड़ सकता है।

बच्चों के टेंट्रम के कई कारण हो सकते हैं, जैसे:

- थकान
- भूख
- नींद की कमी
- निराशा
- बोरियत
- ध्यान आकर्षित करने की आवश्यकता
- सीमाओं को परखना

टेंट्रम से निपटना माता-पिता के लिए चुनौतीपूर्ण हो सकता है, लेकिन यह महत्वपूर्ण है कि आप शांत रहें और अपने बच्चे की मदद करें।

टेंट्रम के दौरान क्या करें:

- शांत रहें। अपने बच्चे को चिल्लाकर या गुस्सा करके आप स्थिति को और खराब कर सकते हैं।

- अपने बच्चे की भावनाओं को स्वीकार करें। उसे बताएं कि आप समझते हैं कि वह गुस्से में है या निराश है।

- अपने बच्चे को एक सुरक्षित जगह पर ले जाएं। यह उसके कमरे में हो सकता है या घर के बाहर हो सकता है।

- अपने बच्चे को शांत होने में मदद करें। आप उसे गले लगा सकते हैं, गा सकते हैं, या उसे उसकी पसंदीदा गतिविधि करने दें।

- एक बार जब आपका बच्चा शांत हो जाए, तो उसके साथ बात करें कि क्या हुआ और उसे यह समझने में मदद करें कि उसकी भावनाओं को कैसे व्यक्त किया जाए।

टेंट्रम को रोकने के लिए क्या करें:

- अपने बच्चे की दिनचर्या को नियमित रखें। इससे आपके बच्चे को पता चल जाएगा कि क्या उम्मीद करनी है और वह कम निराश होगा।

- अपने बच्चे को पर्याप्त नींद और भोजन दें। जब बच्चे थके या भूखे होते हैं तो उन्हें गुस्सा आना ज्यादा आसान होता है।

- अपने बच्चे को अपनी भावनाओं को व्यक्त करना सिखाएं। उसे बताएं कि यह ठीक है गुस्सा होना या निराश होना, लेकिन उसे अपनी भावनाओं को सुरक्षित और स्वस्थ तरीके से व्यक्त करने की आवश्यकता है।

- अपने बच्चे के साथ सीमाएं निर्धारित करें और उन पर दृढ़ रहें। आपके बच्चे को यह जानने की आवश्यकता है कि आप नियंत्रण में हैं और आप उसे सुरक्षित रखेंगे।

- अपने बच्चे के सकारात्मक व्यवहार को प्रोत्साहित करें। जब वह अच्छा व्यवहार करता है तो उसे प्रशंसा दें।

यदि आपका बच्चा अक्सर टेंट्रम करता है या उसके टेंट्रम बहुत गंभीर हैं, तो बाल रोग विशेषज्ञ से बात करें। वे आपको यह समझने में मदद कर सकते हैं कि आपके बच्चे के टेंट्रम का कारण क्या हो सकता है और आपको उनसे निपटने में मददगार रणनीतियाँ प्रदान कर सकते हैं।

** याद रखें कि टेंट्रम होना सामान्य बात है और यह एक चरण है जिससे अधिकांश बच्चे गुजरते हैं। शांत रहें और अपने बच्चे की मदद करें और वह इससे बाहर निकल जाएगा।**

सहोदर स्पर्धा

सहोदर स्पर्धा भाई-बहनों के बीच होने वाली प्रतिद्वंद्विता है। यह तब होता है जब भाई-बहन माता-पिता के प्यार, ध्यान और स्वीकृति के लिए प्रतिस्पर्धा करते हैं। सहोदर स्पर्धा सभी उम्र के भाई-बहनों में आम है, लेकिन यह 2 से 4 साल की उम्र के बच्चों में सबसे आम है।

सहोदर स्पर्धा के कई कारण हो सकते हैं, जैसे:

- उम्र और विकास में अंतर
- व्यक्तित्व में अंतर
- माता-पिता की परवरिश शैली
- परिवार की संरचना
- सांस्कृतिक कारक

सहोदर स्पर्धा कई रूपों में प्रकट हो सकती है, जैसे:

- छेड़ना
- झगड़ना
- मारपीट करना
- एक दूसरे को नीचा दिखाना
- ध्यान आकर्षित करने के लिए नकारात्मक व्यवहार करना

सहोदर स्पर्धा सामान्य बात है, लेकिन यह माता-पिता और बच्चों दोनों के लिए तनावपूर्ण हो सकती है। माता-पिता को यह समझना महत्वपूर्ण है कि सहोदर स्पर्धा का मतलब यह नहीं है कि उनके बच्चे एक-दूसरे से

प्यार नहीं करते हैं। यह बस एक ऐसा चरण है जिससे अधिकांश भाई-बहन गुजरते हैं।

सहोदर स्पर्धा से कैसे निपटें

माता-पिता निम्नलिखित तरीकों से सहोदर स्पर्धा से निपटने में मदद कर सकते हैं:

- अपने बच्चों को समान रूप से प्यार और ध्यान दें। यह सुनिश्चित करें कि प्रत्येक बच्चे को अलग-अलग समय पर आपका प्यार और ध्यान मिले। एक बच्चे की दूसरे बच्चे से तुलना न करें।

- अपने बच्चों को अपनी भावनाओं को व्यक्त करना सिखाएं। अपने बच्चों को बताएं कि गुस्सा होना या निराश होना ठीक है, लेकिन उन्हें अपनी भावनाओं को सुरक्षित और स्वस्थ तरीके से व्यक्त करने की आवश्यकता है।

- अपने बच्चों के बीच सीमाएं निर्धारित करें और उन पर दृढ़ रहें। आपके बच्चों को यह जानने की आवश्यकता है कि आप नियंत्रण में हैं और आप उन्हें सुरक्षित रखेंगे।

- अपने बच्चों को एक दूसरे को सम्मान देना सिखाएं। अपने बच्चों को बताएं कि एक-दूसरे को नीचा दिखाना या मारपीट करना स्वीकार्य नहीं है।

- सकारात्मक व्यवहार को प्रोत्साहित करें। जब आपके बच्चे एक-दूसरे के प्रति अच्छा व्यवहार करते हैं तो उनकी प्रशंसा करें।

यदि सहोदर स्पर्धा बहुत गंभीर है या आपको इससे निपटने में परेशानी हो रही है, तो बाल रोग विशेषज्ञ या पारिवारिक परामर्शदाता से बात करें। वे आपको सहायक रणनीतियाँ प्रदान कर सकते हैं।

सहोदर स्पर्धा के कुछ लाभ भी हैं। उदाहरण के लिए, यह बच्चों को निम्नलिखित सीखने में मदद कर सकती है:

- कैसे साझा करें
- कैसे बारी लें
- कैसे संघर्ष का समाधान करें
- कैसे लोगों के साथ मिलें
- कैसे अपनी भावनाओं को नियंत्रित करें
- कैसे आत्मविश्वास विकसित करें

याद रखें कि सहोदर स्पर्धा एक सामान्य चरण है जिससे अधिकांश भाई-बहन गुजरते हैं। शांत रहें और अपने बच्चों की मदद करें और वे इससे बाहर निकल जाएंगे।

बिस्तर पर जाने की लड़ाई

बिस्तर पर जाने की लड़ाई उन माता-पिता के लिए एक आम समस्या है जिनके छोटे बच्चे हैं। बच्चे कई कारणों से बिस्तर पर जाने से इनकार कर सकते हैं, जैसे कि:

- थकान न लगना

- डर

- एकांत का डर

- नियंत्रण की आवश्यकता

- ध्यान आकर्षित करने की आवश्यकता

बिस्तर पर जाने की लड़ाई से निपटना माता-पिता के लिए तनावपूर्ण हो सकता है, लेकिन यह महत्वपूर्ण है कि आप शांत रहें और अपने बच्चे की मदद करें।

यहां कुछ सुझाव दिए गए हैं कि कैसे बिस्तर पर जाने की लड़ाई से निपटें:

- एक नियमित बिस्तर समय की दिनचर्या स्थापित करें। इस दिनचर्या में नहाना, दांत ब्रश करना, किताब पढ़ना और सोना शामिल हो सकता है। हर रात एक ही क्रम में इन गतिविधियों को करने से आपके बच्चे को पता चल जाएगा कि क्या उम्मीद करनी है और वह बिस्तर पर जाने के लिए तैयार होने लगेगा।

- अपने बच्चे को एक आरामदायक बिस्तर और शयनकक्ष प्रदान करें। सुनिश्चित करें कि आपके बच्चे के बिस्तर में एक आरामदायक गद्दा और तकिया है। यह भी सुनिश्चित करें कि उनके शयनकक्ष शांत और अंधेरा है।

- अपने बच्चे को सोने में मदद करने के लिए एक शांत अनुष्ठान बनाएं। यह एक कहानी पढ़ना, गाना गाना, या बस अपने बच्चे के साथ बातचीत करना हो सकता है। इस अनुष्ठान से आपके बच्चे को आराम करने और सोने के लिए तैयार होने में मदद मिलेगी।

- बिस्तर पर जाने के समय सीमाएँ निर्धारित करें। अपने बच्चे को बताएं कि उन्हें कब बिस्तर पर जाना है और कब उठना है। इन सीमाओं पर दृढ़ रहें, भले ही आपके बच्चे का विरोध हो।

- अपने बच्चे के साथ दृढ़ रहें लेकिन प्यार करें। यह महत्वपूर्ण है कि आप अपने बच्चे को बताएं कि आप उनसे प्यार करते हैं और आप चाहते हैं कि वे सो जाएं। हालांकि, यह भी महत्वपूर्ण है कि आप दृढ़ रहें और अपने बच्चे को सोने के लिए मजबूर करें।

यदि आपका बच्चा अभी भी बिस्तर पर जाने से इनकार करता है, तो आप निम्नलिखित प्रयास कर सकते हैं:

- अपने बच्चे को एक विकल्प दें। अपने बच्चे को दो विकल्प दें, जैसे कि "क्या आप अपनी पसंदीदा किताब पढ़ना चाहते हैं या एक गाना गाना चाहते हैं?" इससे आपके बच्चे को नियंत्रण की भावना मिलेगी और उसे बिस्तर पर जाने के लिए अधिक इच्छुक होने के लिए प्रोत्साहित किया जा सकता है।

- अपने बच्चे को चेतावनी दें। अपने बच्चे को बताएं कि यदि वे बिस्तर पर नहीं जाते हैं, तो परिणाम होंगे। उदाहरण के लिए, आप उन्हें बता सकते हैं कि यदि वे बिस्तर पर नहीं जाते हैं, तो उन्हें अगले दिन देर से उठना होगा।

- अपने बच्चे की प्रशंसा करें। जब आपका बच्चा बिस्तर पर जाने और सोने के लिए बिना किसी तर्क के तैयार हो जाता है, तो उसकी प्रशंसा करें। इससे आपके बच्चे को यह जानने में मदद मिलेगी कि आप उससे खुश हैं और यह उसे भविष्य में ऐसा करने के लिए प्रोत्साहित करेगा।

यदि आपको अभी भी बिस्तर पर जाने की लड़ाई से निपटने में परेशानी हो रही है, तो बाल रोग विशेषज्ञ या पारिवारिक परामर्शदाता से बात करें। वे आपको सहायक रणनीतियाँ प्रदान कर सकते हैं।

याद रखें कि बिस्तर पर जाने की लड़ाई एक सामान्य चरण है जिससे अधिकांश बच्चों के माता-पिता गुजरते हैं। शांत रहें और अपने बच्चे की मदद करें और वे इससे बाहर निकल जाएंगे।

होमवर्क की चुनौतियाँ

होमवर्क स्कूली बच्चों के लिए एक महत्वपूर्ण हिस्सा है, लेकिन यह कई बच्चों के लिए एक चुनौती भी हो सकता है। होमवर्क के साथ संघर्ष करने के कई कारण हैं, जैसे:

- संगठन और समय प्रबंधन के कौशल का अभाव: छोटे बच्चों को अभी भी संगठन और समय प्रबंधन के कौशल सीख रहे हैं। इससे उन्हें अपने होमवर्क को व्यवस्थित करना और इसे पूरा करने के लिए पर्याप्त समय आवंटित करना मुश्किल हो सकता है।

- अवधारणाओं को समझने में कठिनाई: कुछ बच्चे स्कूल में पढ़ाई गई अवधारणाओं को समझने में कठिनाई का अनुभव करते हैं। इससे उनके लिए होमवर्क को पूरा करना मुश्किल हो सकता है, खासकर अगर यह उन्हीं अवधारणाओं पर आधारित हो।

- होमवर्क के प्रति नकारात्मक दृष्टिकोण: कुछ बच्चों के पास होमवर्क के प्रति नकारात्मक दृष्टिकोण होता है। वे इसे एक काम के रूप में देख सकते हैं जो उन्हें खेलने या अन्य गतिविधियों से दूर रखता है। यह उन्हें होमवर्क करने से बचने या इसे पूरा करने के लिए जल्दी करने के लिए प्रेरित कर सकता है।

- घर में होमवर्क के लिए अनुकूल वातावरण का अभाव: कुछ बच्चों के घरों में होमवर्क के लिए अनुकूल वातावरण नहीं होता है। हो सकता है कि उनके पास एक शांत जगह न हो जहां वे अध्ययन कर सकें या उन्हें होमवर्क में मदद करने के लिए कोई न हो।

होमवर्क की चुनौतियों से कैसे निपटें

माता-पिता अपने बच्चों को होमवर्क की चुनौतियों से निपटने में निम्नलिखित तरीकों से मदद कर सकते हैं:

- ** अपने बच्चे को संगठन और समय प्रबंधन के कौशल सिखाएं।** अपने बच्चे को सिखाएं कि होमवर्क असाइनमेंट कैसे लिखें, कैलेंडर का उपयोग कैसे करें और समय सीमा कैसे पूरा करें। आप उन्हें अपने होमवर्क को व्यवस्थित करने में मदद करने के लिए होमवर्क प्लानर या होमवर्क फ़ोल्डर भी प्रदान कर सकते हैं।

- सुनिश्चित करें कि आपका बच्चा अवधारणाओं को समझता है। यदि आपका बच्चा किसी अवधारणा को समझने में कठिनाई का सामना कर रहा है, तो उनकी मदद करें। आप उन्हें एक ट्यूटर ढूंढ सकते हैं, उन्हें अतिरिक्त अभ्यास समस्याएं दे सकते हैं या उनके साथ अवधारणा की समीक्षा कर सकते हैं।

- अपने बच्चे को होमवर्क के प्रति सकारात्मक दृष्टिकोण विकसित करने में मदद करें। अपने बच्चे को समझाएं कि होमवर्क उन्हें स्कूल में सीखी गई अवधारणाओं को मजबूत करने और नए कौशल सीखने में मदद करता है। होमवर्क को एक मजेदार और चुनौतीपूर्ण गतिविधि के रूप में प्रस्तुत करने का प्रयास करें।

- अपने बच्चे को होमवर्क के लिए एक अनुकूल वातावरण प्रदान करें। अपने बच्चे को एक शांत जगह प्रदान करें जहां वे अध्ययन कर सकें। सुनिश्चित करें कि उनके पास सभी आवश्यक सामग्री उपलब्ध है। यदि आवश्यक हो, तो आप उन्हें होमवर्क में मदद करने के लिए उपलब्ध रहें।

यदि आपका बच्चा अभी भी होमवर्क के साथ संघर्ष कर रहा है, तो उनके शिक्षक से बात करें। शिक्षक आपके बच्चे की जरूरतों को पूरा करने में आपकी मदद कर सकते हैं और आपको अतिरिक्त समर्थन प्रदान कर सकते हैं।

याद रखें कि होमवर्क की चुनौतियों का सामना करना सभी बच्चों के लिए सामान्य है। माता-पिता के रूप में, आप अपने बच्चे को होमवर्क की

चुनौतियों से निपटने में मदद कर सकते हैं और उन्हें एक सफल छात्र बनने के लिए तैयार कर सकते हैं।

अनुशासन की चुनौतियाँ

अनुशासन हर बच्चे के विकास में एक महत्वपूर्ण भूमिका निभाता है। यह उन्हें सीमाओं को समझने और सही और गलत के बीच अंतर करने में मदद करता है। अनुशासन बच्चों को स्वतंत्रता और जिम्मेदारी के बीच संतुलन बनाना भी सिखाता है।

हालाँकि, अनुशासन चुनौतीपूर्ण हो सकता है, खासकर छोटे बच्चों के माता-पिता के लिए। बच्चों को अक्सर यह समझ में नहीं आता कि नियम और सीमाएं क्यों महत्वपूर्ण हैं, और वे उनका विरोध कर सकते हैं। इसके अलावा, अनुशासन की शैली हर बच्चे के लिए अलग-अलग हो सकती है, और माता-पिता को यह पता लगाना मुश्किल हो सकता है कि उनके बच्चे के लिए सबसे अच्छा क्या है।

यहां कुछ सामान्य अनुशासन चुनौतियां हैं और उनसे निपटने के तरीके दिए गए हैं:

चुनौती: बच्चे नियमों को तोड़ते हैं

हर बच्चा कभी-न-कभी नियम तोड़ता है। यह सामान्य है और यह विकास का हिस्सा है। हालांकि, यह महत्वपूर्ण है कि माता-पिता नियमों को लागू करें और जब बच्चे उन्हें तोड़ते हैं तो परिणाम दें।

समाधान:

- स्पष्ट और यथार्थवादी नियम और अपेक्षाएं निर्धारित करें।

- अपने बच्चे को नियमों को समझने में मदद करें।

- जब बच्चे नियम तोड़ते हैं तो परिणाम दें। परिणाम तत्काल और उचित होना चाहिए।

- अपने बच्चे को परिणाम स्वीकार करने में मदद करें।

चुनौती: बच्चे वापस लड़ते हैं

जब बच्चे अनुशासित होते हैं, तो वे वापस लड़ सकते हैं। यह उनकी निराशा और गुस्से का एक स्वाभाविक प्रतिक्रिया है। हालांकि, यह महत्वपूर्ण है कि माता-पिता शांत रहें और दृढ़ रहें।

समाधान:

- जब आपका बच्चा वापस लड़ता है तो शांत रहें।
- अपने बच्चे को बताएं कि आप उन्हें समझते हैं, लेकिन उनका व्यवहार स्वीकार्य नहीं है।
- अपने बच्चे को यह बताएं कि आप उनसे प्यार करते हैं और आप चाहते हैं कि वे सीखें कि कैसे सही व्यवहार करें।
- अपने बच्चे को शांत होने में मदद करें। एक बार जब वे शांत हो जाएं, तो आप उनसे उनके व्यवहार के बारे में बात कर सकते हैं।

चुनौती: बच्चे जिम्मेदार नहीं होते हैं

कुछ बच्चों को जिम्मेदार होना मुश्किल लगता है। वे अपने काम नहीं कर सकते हैं, अपने खिलौने साफ नहीं कर सकते हैं, या अपने वादे नहीं निभा सकते हैं। यह महत्वपूर्ण है कि माता-पिता अपने बच्चों को जिम्मेदार होना सिखाएं।

समाधान:

- अपने बच्चों को उनकी उम्र के लिए उपयुक्त जिम्मेदारियां दें।
- अपने बच्चों को उनकी जिम्मेदारियां पूरा करने में मदद करें।

- जब आपके बच्चे अपनी जिम्मेदारियां पूरा करते हैं तो उनकी प्रशंसा करें।
- जब आपके बच्चे अपनी जिम्मेदारियां नहीं निभाते हैं तो परिणाम दें।

चुनौती: बच्चे भाई-बहनों के साथ लड़ते हैं

भाई-बहनों का लड़ना आम बात है। हालांकि, यह महत्वपूर्ण है कि माता-पिता हस्तक्षेप करें और अपने बच्चों को एक-दूसरे के साथ सम्मान से पेश आना सिखाएं।

समाधान:

- अपने बच्चों को यह बताएं कि आप जानते हैं कि वे एक-दूसरे से प्यार करते हैं, भले ही वे लड़ें।
- अपने बच्चों को अपने व्यवहार के लिए जिम्मेदार ठहराएं।
- अपने बच्चों को समस्याओं को हल करने के तरीके सिखाएं।
- अपने बच्चों को एक-दूसरे के साथ सम्मान से पेश आना सिखाएं।

चुनौती: अनुशासन की शैली चुनना

अनुशासन की कई अलग-अलग शैलियाँ हैं। यह महत्वपूर्ण है कि माता-पिता वह शैली चुनें जो उनके बच्चे के लिए सबसे अच्छी तरह काम करे और जिसके साथ वे सहज हों।

Chapter 5: Cultivating Joy and Resilience in Your Child
Chapter 5: अपने बच्चे में खुशी और लचीलापन पैदा करना

खेल का महत्व

खेल बच्चों के जीवन का एक अनिवार्य हिस्सा है। यह उनकी शारीरिक, मानसिक और सामाजिक-भावनात्मक विकास में महत्वपूर्ण भूमिका निभाता है।

शारीरिक विकास

खेल बच्चों को शारीरिक रूप से सक्रिय रहने में मदद करता है। यह उनकी मांसपेशियों को मजबूत बनाता है, उनकी हड्डियों को मजबूत बनाता है और उनके समन्वय और संतुलन को बेहतर बनाता है। खेल बच्चों के हृदय स्वास्थ्य और श्वसन स्वास्थ्य को भी बेहतर बनाने में मदद कर सकता है।

मानसिक विकास

खेल बच्चों को अपनी कल्पना का उपयोग करने में मदद करता है और अपनी समस्या-समाधान क्षमताओं को विकसित करता है। यह उन्हें नई चीजें सीखने और अपनी जिज्ञासा का पता लगाने में भी मदद करता है। खेल बच्चों को अपनी भावनाओं को व्यक्त करने और प्रबंधित करने में भी मदद कर सकता है।

सामाजिक-भावनात्मक विकास

खेल बच्चों को एक दूसरे के साथ बातचीत करने और सामाजिक कौशल विकसित करने में मदद करता है। यह उन्हें सहयोग करना, बारी लेना और नियमों का पालन करना भी सिखाता है। खेल बच्चों को अपनी पहचान विकसित करने और आत्मविश्वास बढ़ाने में भी मदद कर सकता है।

खेल के प्रकार

खेल के कई अलग-अलग प्रकार हैं, जिनमें शामिल हैं:

- सक्रिय खेल: इस प्रकार के खेल में शारीरिक गतिविधि शामिल है, जैसे दौड़ना, कूदना और चढ़ना।

- रचनात्मक खेल: इस प्रकार के खेल में कल्पना और रचनात्मकता का उपयोग करना शामिल है, जैसे कि ब्लॉकों के साथ निर्माण करना, चित्र बनाना या गुड़ियों के साथ खेलना।

- सामाजिक खेल: इस प्रकार के खेल में अन्य बच्चों के साथ बातचीत शामिल है, जैसे कि टैग खेलना, छिपना-और-खोज खेलना या बोर्ड गेम खेलना।

- संज्ञानात्मक खेल: इस प्रकार के खेल में सीखने और समस्या-समाधान शामिल है, जैसे कि पहेलियाँ खेलना या मॉडल बनाना।

खेल के लिए समय

बच्चों के लिए हर दिन खेलने के लिए पर्याप्त समय होना जरूरी है। अमेरिकन एकेडमी ऑफ पीडियाट्रिक्स सिफारिश करता है कि 5 वर्ष से कम उम्र के बच्चों को हर दिन कम से कम 3 घंटे की अनियंत्रित खेलने का समय हो।

अपने बच्चों को खेलने के लिए कैसे प्रोत्साहित करें

अपने बच्चों को खेलने के लिए प्रोत्साहित करने के लिए यहां कुछ युक्तियां दी गई हैं:

- अपने बच्चों को विभिन्न प्रकार के खिलौने और खेल सामग्री प्रदान करें। इससे उन्हें खेल में लगे रहने और रुचि रखने में मदद मिलेगी।

- खेलने के लिए एक सुरक्षित और सहायक वातावरण बनाएं। इसमें यह सुनिश्चित करना शामिल है कि आपके बच्चों के पास खेलने के लिए पर्याप्त जगह है और उन पर एक जिम्मेदार वयस्क की निगरानी है।

- स्क्रीन टाइम सीमित करें। बहुत अधिक स्क्रीन टाइम खेल में हस्तक्षेप कर सकता है।

- अपने बच्चों के साथ खेलें! यह आपके बच्चों के साथ जुड़ने और उन्हें खेल के महत्व को दिखाने का एक शानदार तरीका है।

निष्कर्ष

खेल बच्चों के विकास के लिए आवश्यक है। यह उनके शारीरिक, मानसिक और सामाजिक-भावनात्मक विकास में सभी योगदान देता है। माता-पिता अपने बच्चों को खेलने के लिए प्रोत्साहित करके उनके विकास का समर्थन कर सकते हैं।

अपने बच्चे को मुकाबला कौशल विकसित करने में मदद करना

बच्चे के विकास में मुकाबला कौशल का महत्वपूर्ण स्थान होता है। यह उन्हें तनाव और मुश्किल भावनाओं को स्वस्थ तरीके से प्रबंधित करने में सक्षम बनाता है। जब बच्चों के पास अच्छी मुकाबला कौशल होते हैं, तो वे चुनौतियों का सामना करने और उनसे उबरने में बेहतर होते हैं।

यहां कुछ तरीके दिए गए हैं जिनसे आप अपने बच्चे को मुकाबला कौशल विकसित करने में मदद कर सकते हैं:

- उनकी भावनाओं को स्वीकार करें और मान्य करें। बच्चों को यह जानने की आवश्यकता है कि उनकी भावनाएं मान्य हैं, चाहे वे अच्छी हों या बुरी। जब आपके बच्चे भावनाओं को व्यक्त कर रहे हों, तो सुनें और उन्हें बताएं कि आप समझते हैं।

- उन्हें अपनी भावनाओं को पहचानना और लेबल करना सिखाएं। यह बच्चों को अपनी भावनाओं को समझने और उनका प्रबंधन करने में मदद करता है। भावनाओं को लेबल करने के लिए सरल शब्दों का उपयोग करें, जैसे "खुश", "उदास", "गुस्सा", और "डरा हुआ"।

- उन्हें विभिन्न मुकाबला तंत्र सिखाएं। मुकाबला तंत्र में शारीरिक गतिविधि, विश्राम तकनीक, और समस्या-समाधान कौशल शामिल हैं। उदाहरण के लिए, आप अपने बच्चे को सिखा सकते हैं कि कैसे गहरी साँस लेनी है, कैसे मांसपेशियों को तनाव और छूट देनी है, और कैसे समस्याओं को हल करने के लिए कदमों को तोड़ना है।

- उन्हें अपने मुकाबला तंत्र का उपयोग करने के लिए प्रोत्साहित करें। जब आपके बच्चे तनावग्रस्त या मुश्किल भावनाओं का अनुभव कर रहे हों, तो उन्हें अपने मुकाबला तंत्र का उपयोग करने के लिए प्रोत्साहित करें। उदाहरण के लिए, आप उन्हें अपनी पसंदीदा गतिविधि करने, विश्राम तकनीक का उपयोग करने या आपसे बात करने के लिए प्रोत्साहित कर सकते हैं।

- उन्हें गलतियों से सीखना सिखाएं। हर कोई गलतियाँ करता है। यह महत्वपूर्ण है कि बच्चे जानें कि गलतियों से सीखा जा सकता है और उनसे उबरना संभव है। जब आपके बच्चे गलती करते हैं, तो उनकी आलोचना न करें बल्कि उन्हें अपनी गलती को स्वीकार करना और उससे सीखना सिखाएं।

यहां कुछ विशिष्ट चीजें हैं जो आप अपने बच्चे को मुकाबला कौशल विकसित करने में मदद करने के लिए कर सकते हैं:

- अपने बच्चे के साथ अपनी भावनाओं के बारे में बात करें। अपने बच्चे को बताएं कि आप क्या महसूस कर रहे हैं और आप उन भावनाओं को कैसे प्रबंधित कर रहे हैं। इससे आपके बच्चे को अपनी भावनाओं को समझने और उनका प्रबंधन करने में मदद मिलेगी।

- अपने बच्चे को शारीरिक गतिविधि में शामिल करें। शारीरिक गतिविधि तनाव को कम करने और मनोदशा में सुधार करने में मदद कर सकती है। अपने बच्चे को उन शारीरिक गतिविधियों में शामिल करें जिनका वे आनंद लेते हैं, जैसे कि खेल खेलना, बाइक चलाना, या नृत्य करना।

- अपने बच्चे को विश्राम तकनीक सिखाएं। विश्राम तकनीक, जैसे कि गहरी साँस लेना और प्रगतिशील मांसपेशी छूट, तनाव को कम करने और शांत होने में मदद कर सकती हैं। अपने बच्चे को ऐसी विश्राम तकनीक सिखाएं जिसे वे पसंद करें और उपयोग करें।

- अपने बच्चे को समस्या-समाधान कौशल सिखाएं। समस्या-समाधान कौशल बच्चों को अपनी समस्याओं को हल करने और चुनौतियों का सामना करने में मदद कर सकते हैं। अपने बच्चे को समस्याओं को हल करने के लिए कदमों को तोड़ना और विभिन्न समाधानों के साथ आना सिखाएं।

- अपने बच्चे को एक अच्छा रोल मॉडल बनें। बच्

एक मजबूत माता-पिता-बच्चे का रिश्ता बनाना

एक मजबूत माता-पिता-बच्चे का रिश्ता बच्चे के विकास के लिए आवश्यक है। यह उन्हें सुरक्षित महसूस करने, आत्मविश्वास विकसित करने और सफल होने में मदद करता है। जब माता-पिता और बच्चे एक मजबूत रिश्ता रखते हैं, तो बच्चे अधिक खुश और स्वस्थ होते हैं।

यहाँ कुछ तरीके दिए गए हैं जिनसे आप अपने बच्चे के साथ एक मजबूत रिश्ता बना सकते हैं:

- अपने बच्चे को प्यार और स्वीकृति दिखाएं। अपने बच्चे को बताएं और दिखाएं कि आप उनसे प्यार करते हैं और उन्हें स्वीकार करते हैं, चाहे कुछ भी हो। अपने बच्चे के साथ अपनी भावनाओं को साझा करें और उन्हें बताएं कि आप उनके लिए कितने महत्वपूर्ण हैं।

- अपने बच्चे के साथ समय बिताएं। हर दिन अपने बच्चे के साथ समय बिताएं, भले ही यह सिर्फ कुछ ही मिनट हो। इस समय के दौरान, अपने बच्चे को सुनें, उनके साथ बात करें और उनके साथ खेलें। यह दिखाएगा कि आप अपने बच्चे में रुचि रखते हैं और उनके लिए समय निकाल सकते हैं।

- अपने बच्चे का सम्मान करें। अपने बच्चे से उसी तरह व्यवहार करें जैसा आप किसी अन्य वयस्क से व्यवहार करेंगे। उनके विचारों और भावनाओं को सुनें और उन्हें महत्व दें। अपने बच्चे को अपनी राय व्यक्त करने और अपनी पसंद बनाने दें।

- अपने बच्चे को सीमाएं और अनुशासन प्रदान करें। बच्चों को सीमाओं और अनुशासन की आवश्यकता होती है ताकि वे सुरक्षित और स्वस्थ रह सकें और जिम्मेदार वयस्क बन सकें। अपनी सीमाएं स्पष्ट और यथार्थवादी बनाएं और उन्हें दृढ़ता से लागू करें। जब आपके बच्चे सीमाओं को तोड़ते हैं, तो उन्हें उचित परिणाम दें।

- अपने बच्चे के साथ ईमानदार रहें। अपने बच्चे के साथ ईमानदार रहें, भले ही यह मुश्किल हो। अपने बच्चे से झूठ न बोलें या उनसे बातें न छुपाएं। अपने बच्चे को सच्चाई बताने से, आप उनके विश्वास का निर्माण कर रहे हैं।

- अपने बच्चे के लिए एक अच्छा रोल मॉडल बनें। बच्चे उन लोगों की तरह बनने की कोशिश करते हैं जिन्हें वे प्यार करते हैं और जिनकी वे प्रशंसा करते हैं। अपने बच्चे के लिए एक अच्छा रोल मॉडल बनकर, आप उन्हें दिखा रहे हैं कि कैसे अच्छा व्यवहार करें, सम्मानजनक बनें और जिम्मेदार बनें।

यहाँ कुछ विशिष्ट चीजें हैं जो आप अपने बच्चे के साथ एक मजबूत रिश्ता बनाने के लिए कर सकते हैं:

- अपने बच्चे के साथ हर दिन बात करें। अपने बच्चे के दिन के बारे में पूछें और उन्हें अपना दिन बताएं। अपने बच्चे के हितों और गतिविधियों के बारे में बात करें। अपने बच्चे की भावनाओं को सुनें और उन्हें स्वीकार करें।

- अपने बच्चे के साथ खेलें और पढ़ें। खेलना और पढ़ना अपने बच्चे के साथ समय बिताने और उनके साथ जुड़ने के शानदार तरीके हैं। अपने बच्चे को उनके पसंदीदा खेल खेलने दें और उन्हें उनके पसंदीदा किताबें पढ़ें।

- अपने बच्चे को मदद करने दें। अपने बच्चे को घर के आसपास के कामों में मदद करने दें, जैसे कि टेबल सेट करना, बर्तन धोना और कपड़े उठाना। अपने बच्चे को जिम्मेदारियां देकर, आप उन्हें दिखा रहे हैं कि आप उन पर भरोसा करते हैं और उन्हें अपने परिवार का एक महत्वपूर्ण हिस्सा मानते हैं।

- अपने बच्चे के साथ बाहर समय बिताएं। अपने बच्चे को पार्क में ले जाएं, संग्रहालय जाएं या बस टहलने जाएं। बाहर समय बिताने से आपके बच्चे को व्यायाम करने और प्रकृति का आनंद लेने का मौका मिलता है।

यह आपको अपने बच्चे के साथ बातचीत करने और उनके साथ जुड़ने का मौका भी देता है।

- अपने बच्चे को बताएं कि आप उनसे प्यार करते हैं।

अपने बच्चे को खुश, स्वस्थ और लचीला बनाना

हर माता-पिता चाहते हैं कि उनका बच्चा खुश, स्वस्थ और लचीला हो। ये सभी गुण महत्वपूर्ण हैं क्योंकि वे आपके बच्चे को जीवन में चुनौतियों का सामना करने और सफल होने में मदद करते हैं।

अपने बच्चे को खुश, स्वस्थ और लचीला बनाने के लिए आप यहां कुछ चीजें कर सकते हैं:

- उन्हें प्यार और स्वीकृति दें। बच्चों को यह जानने की जरूरत है कि वे प्यार और स्वीकार किए जाते हैं, चाहे कुछ भी हो। उन्हें बताएं और दिखाएं कि आप उनसे प्यार करते हैं और उन्हें स्वीकार करते हैं, भले ही वे गलतियाँ करें या आपके साथ सहमत न हों।

- उन्हें सुरक्षित और पोषण वाला वातावरण प्रदान करें। बच्चों को यह जानने की जरूरत है कि वे सुरक्षित हैं और उनकी देखभाल की जा रही है। उन्हें एक ऐसा घर प्रदान करें जो साफ-सुथरा और सुरक्षित हो, और जहां वे खुद को व्यक्त कर सकें और स्वतंत्र रूप से खेल सकें।

- उन्हें स्वस्थ आदतें सिखाएं। बच्चों को स्वस्थ खाना खाने, नियमित रूप से व्यायाम करने और पर्याप्त नींद लेने की आवश्यकता होती है। उन्हें इन स्वस्थ आदतों को कम उम्र से ही सिखाएं, ताकि वे जीवन भर उनके साथ रह सकें।

- उन्हें सीमाएँ और अनुशासन प्रदान करें। बच्चों को सीमाओं और अनुशासन की आवश्यकता होती है ताकि वे सुरक्षित रह सकें, जिम्मेदार बन सकें और अच्छा व्यवहार करें। अपनी सीमाएँ स्पष्ट और यथार्थवादी बनाएं और उन्हें दृढ़ता से लागू करें। जब आपके बच्चे सीमाओं को तोड़ते हैं, तो उन्हें उचित परिणाम दें।

- उन्हें अपनी भावनाओं को व्यक्त करना सिखाएं। बच्चों को अपनी भावनाओं को व्यक्त करना सीखना चाहिए, ताकि वे स्वस्थ तरीके से

भावनात्मक तनाव को प्रबंधित कर सकें। उन्हें अपनी भावनाओं के बारे में बात करने के लिए प्रोत्साहित करें और उनकी भावनाओं को मान्यता दें।

- उन्हें समस्या-समाधान और निर्णय लेने के कौशल सिखाएं। बच्चों को जीवन में चुनौतियों का सामना करने और निर्णय लेने के लिए समस्या-समाधान कौशल की आवश्यकता होती है। उन्हें समस्याओं को हल करने के लिए कदमों को तोड़ना और विभिन्न समाधानों के साथ आना सिखाएं।

- उन्हें लचीलापन सिखाएं। जीवन में उतार-चढ़ाव आते हैं, इसलिए यह महत्वपूर्ण है कि बच्चे लचीला बनें और चुनौतियों का सामना कर सकें। उन्हें सिखाएं कि कैसे वापस उछालें, गलतियों से सीखें और सकारात्मक दृष्टिकोण बनाए रखें।

यहाँ कुछ विशिष्ट चीजें हैं जो आप अपने बच्चे को खुश, स्वस्थ और लचीला बनाने के लिए कर सकते हैं:

- अपने बच्चे के साथ हर दिन समय बिताएं। अपने बच्चे के साथ समय बिताना उन्हें दिखाता है कि आप उनसे प्यार करते हैं और वे आपके लिए महत्वपूर्ण हैं। यह उन्हें आप पर भरोसा करना और आपसे जुड़ना भी सिखाता है।

- अपने बच्चे को सुनें और उनकी भावनाओं को मान्य करें। जब आपके बच्चे बात कर रहे हों, तो उनकी आँखों में देखें और उन्हें अपना पूरा ध्यान दें। उन्हें बताएं कि आप उनकी बात सुन रहे हैं और उनकी भावनाओं को समझते हैं।

- अपने बच्चे को स्वयं होना सिखाएं। अपने बच्चे को स्वीकार करें कि वे कौन हैं, भले ही वे आपके जैसे न हों। उन्हें अपने अद्वितीय व्यक्तित्व, रुचियों और प्रतिभाओं को विकसित करने के लिए प्रोत्साहित करें।

- अपने बच्चे को जिम्मेदारियाँ दें। अपने बच्चे को उनकी उम्र के लिए उपयुक्त जिम्मेदारियाँ दें, जैसे कि अपना बिस्तर बनाना, अपने कमरे को

साफ करना और अपना होमवर्क करना। जिम्मेदारियाँ देने से आपके बच्चे को आत्म

9 789360 145521